NOW

中村佑介

INDEX

この画集は180度開いてもページが外れないように特殊加工しておりますので、絵の隅々まで安心してご覧下さい。

MUSIC

006　ASIAN KUNG-FU GENERATION　single『藤沢ルーザー』

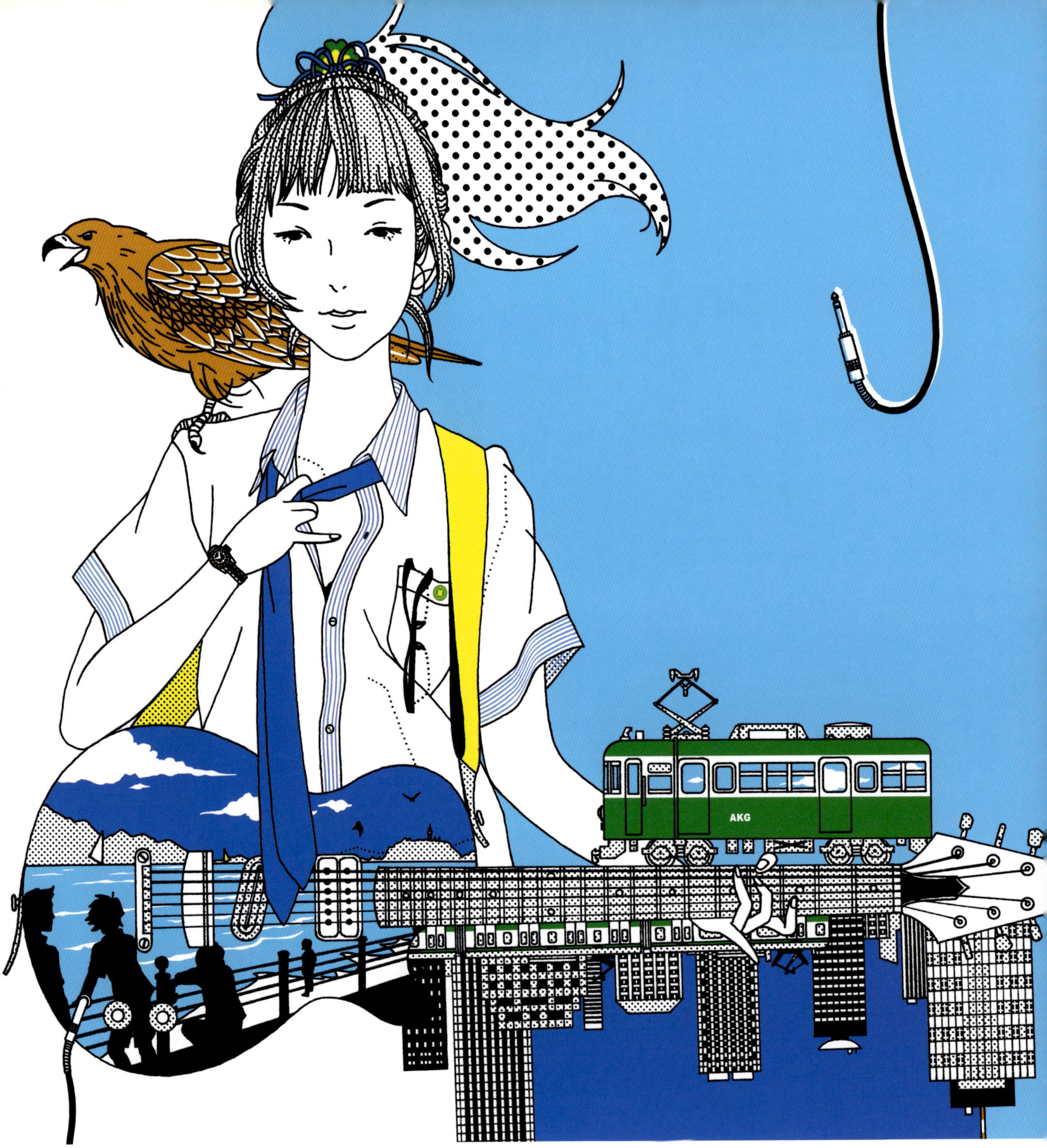

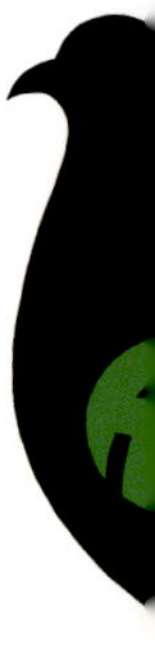

ASIAN KUNG-FU GENERATION　ALBUM『サーフ ブンガク カマクラ』中ジャケット

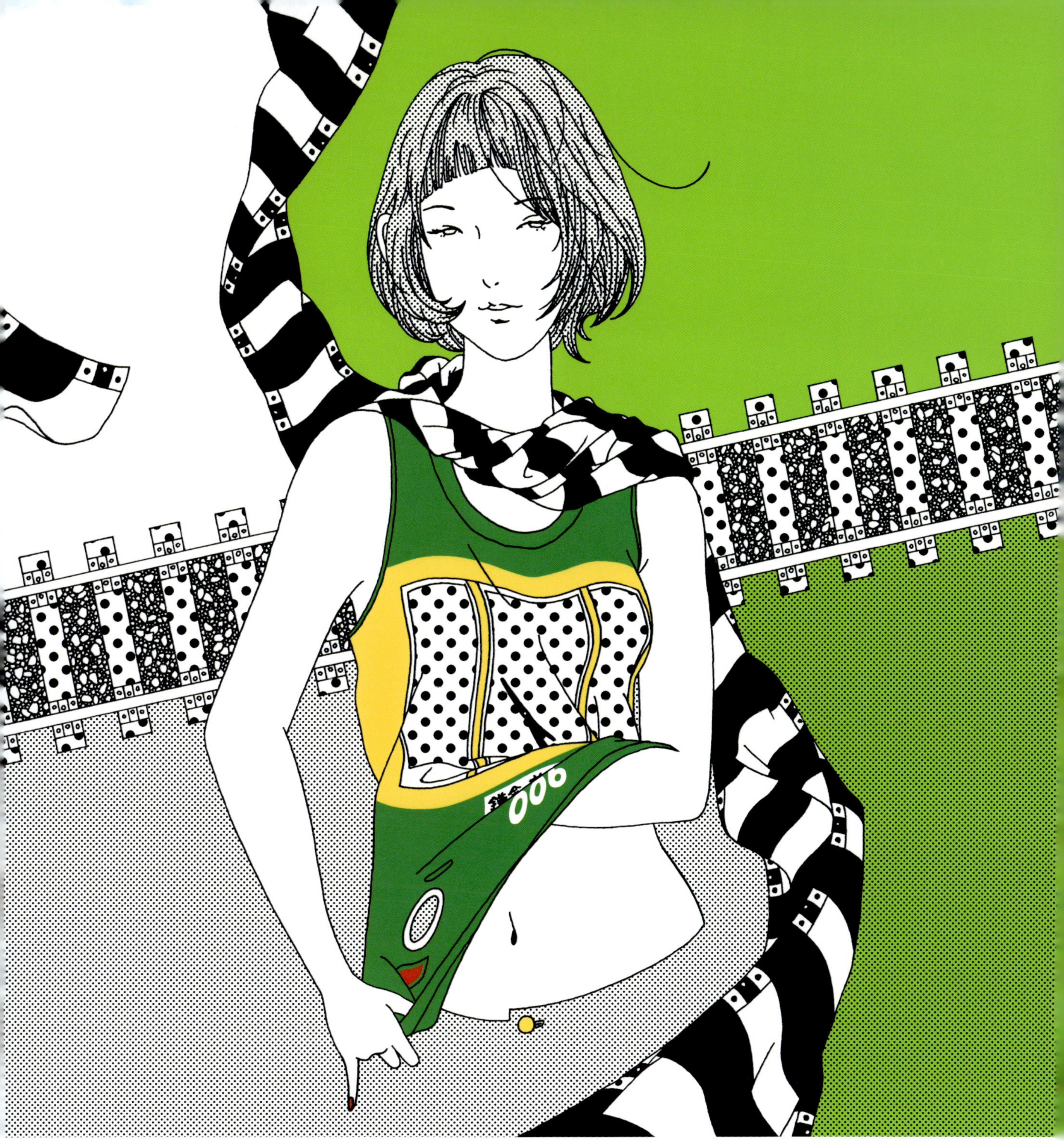

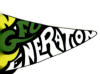

2008

AKG

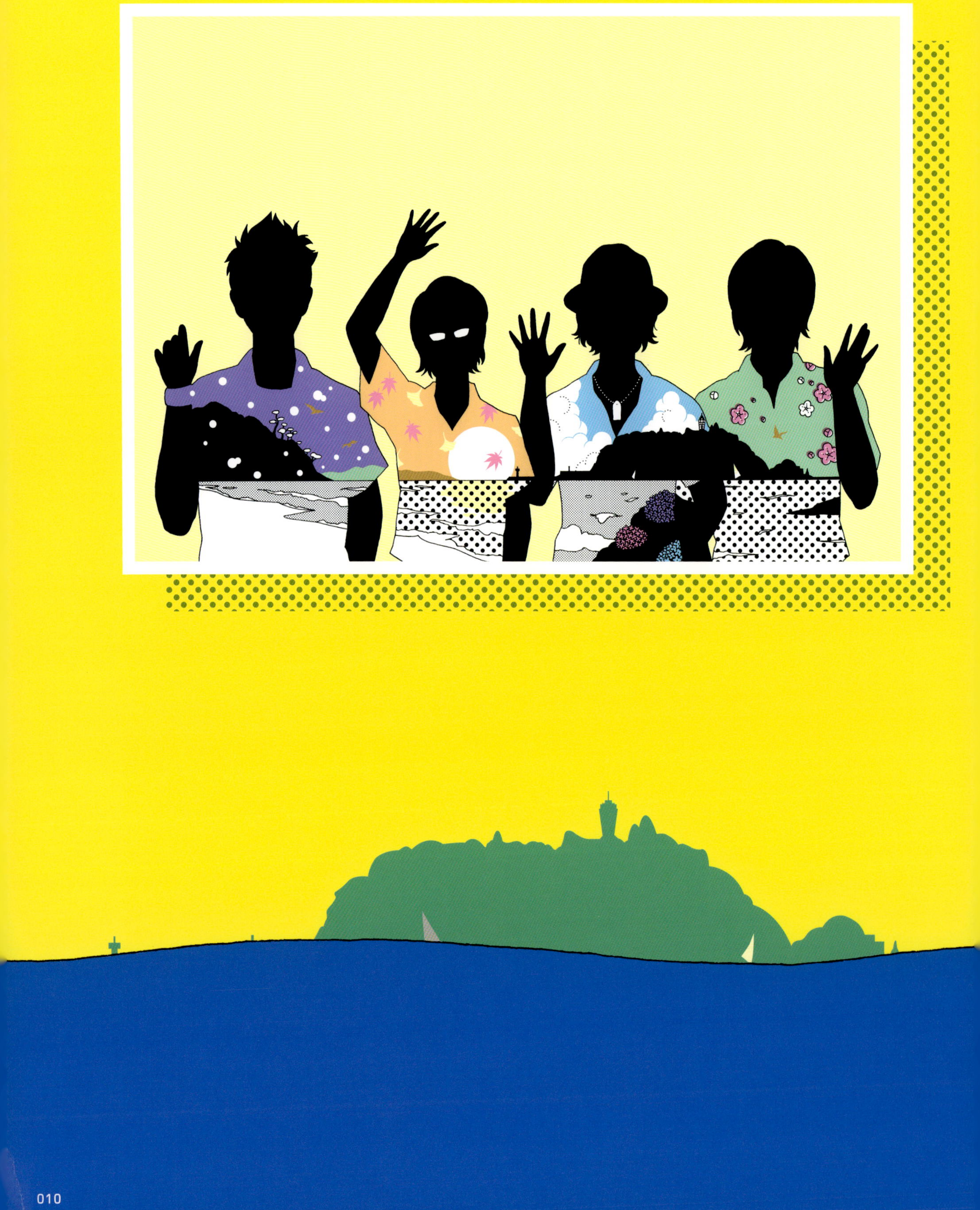

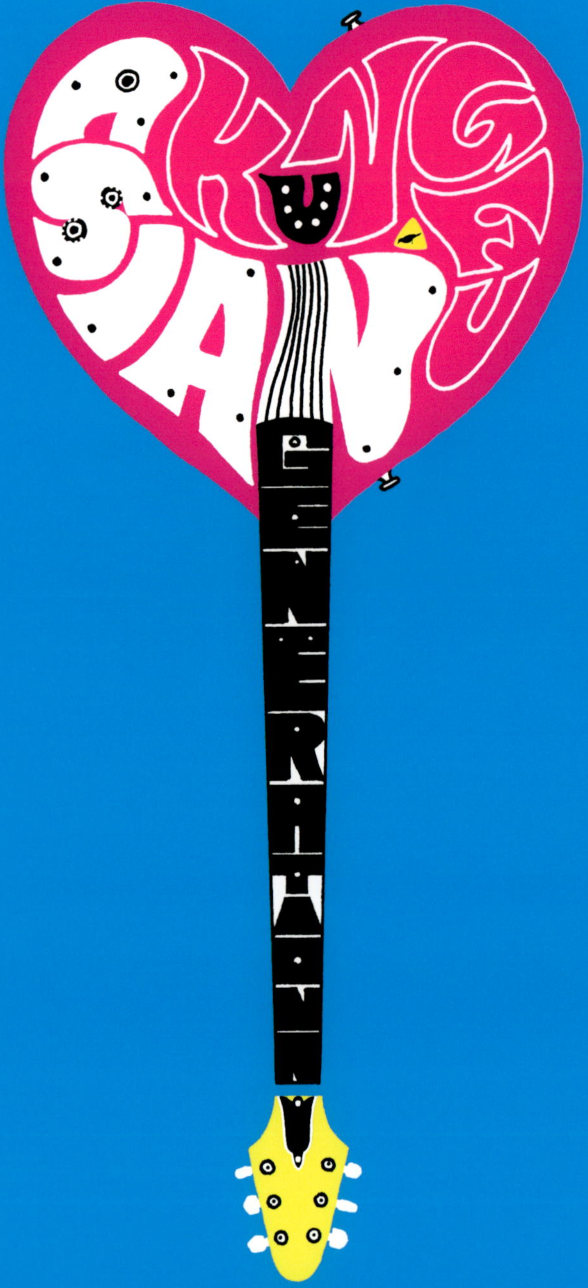

ASIAN KUNG-FU GENERATION　single『新世紀のラブソング』ジャケット

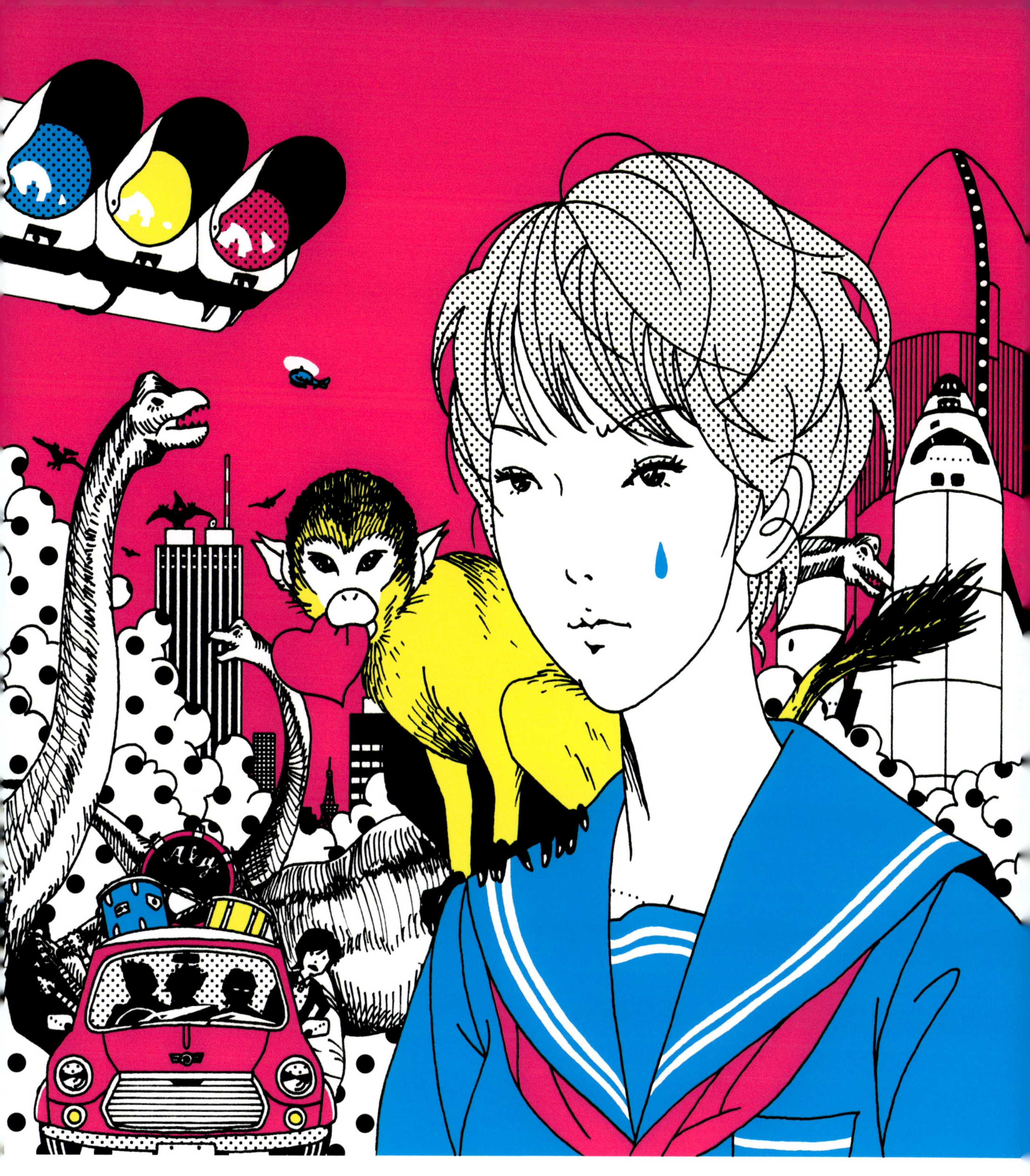

ASIAN KUNG-FU GENERATION single『ソラニン』ジャケット

ASIAN KUNG-FU GENERATION　single『ソラニン』歌詞カード

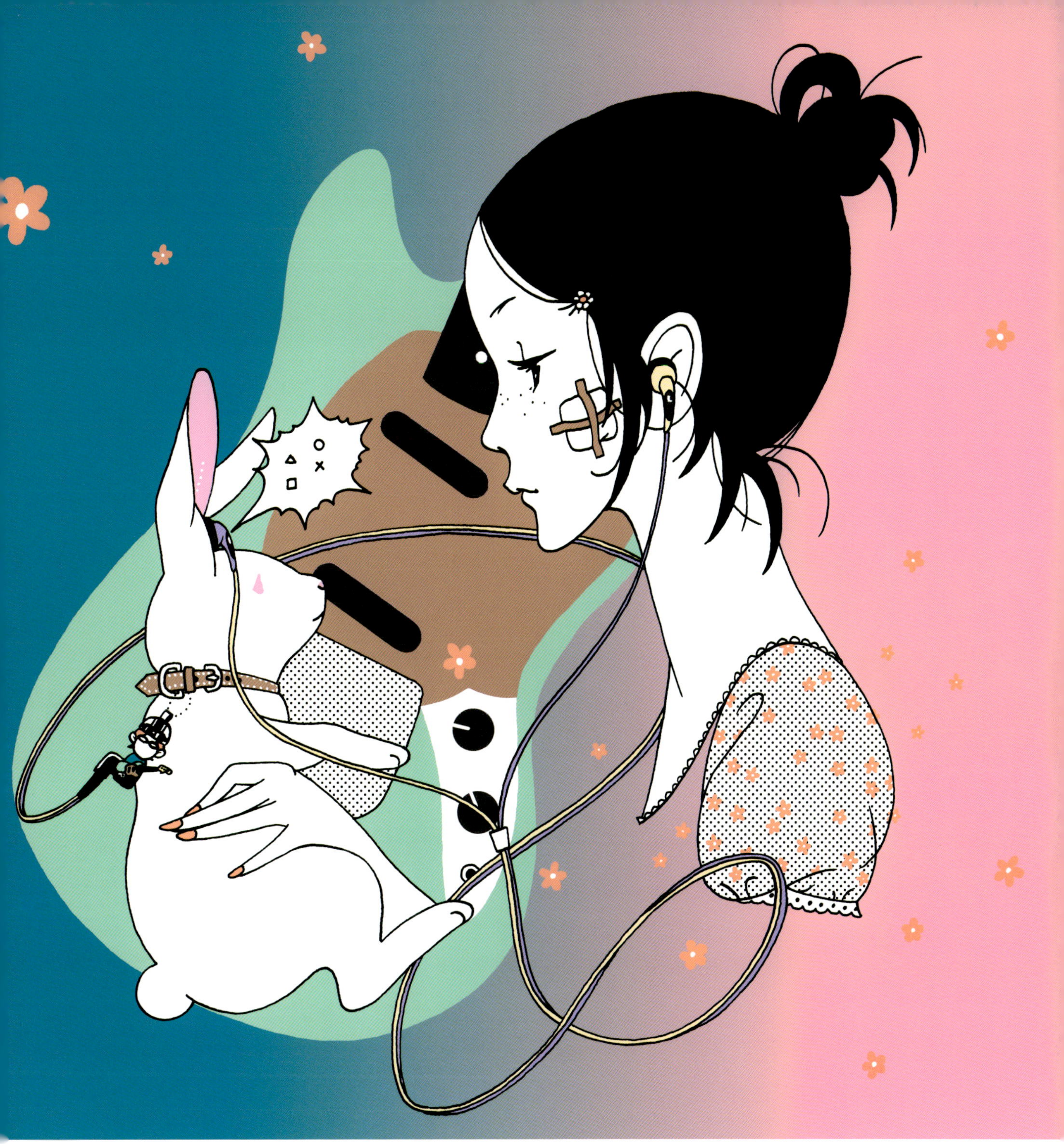

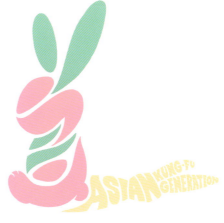

AKC
あじカン

横浜
あじかん
S
15kg

ASIAN KUNG-FU GENERATION　ALBUM『マジックディスク』ジャケット

FM
AM
MHz
KHz
Ijichi
MIC
PHONE
BASS
TREBLE
World

1:56

MAGIC
disk
ORIGINAL ALBUM
KITA

YAMADA

マジッ
ディス
TOILET

AKG

20えん
定員 大人1名

18
トゥデイドリーム
ASIAN KUNG-FU GENERATOR

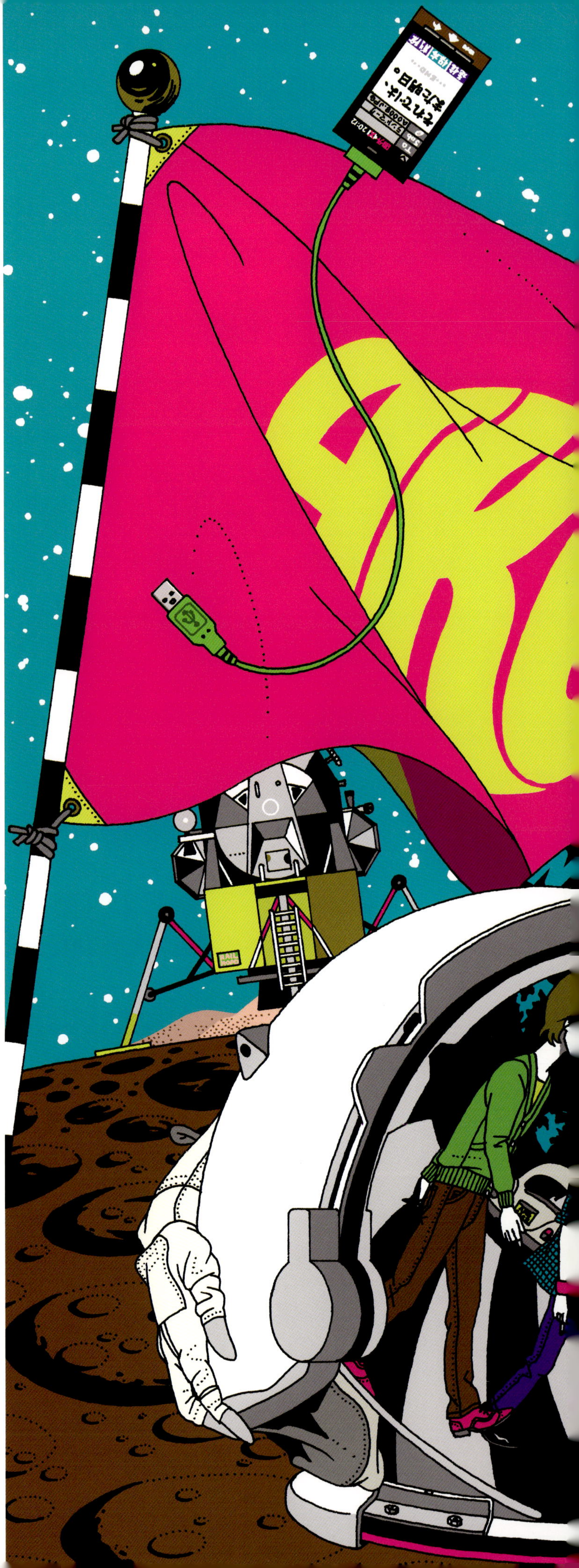
それでは、
また明日。

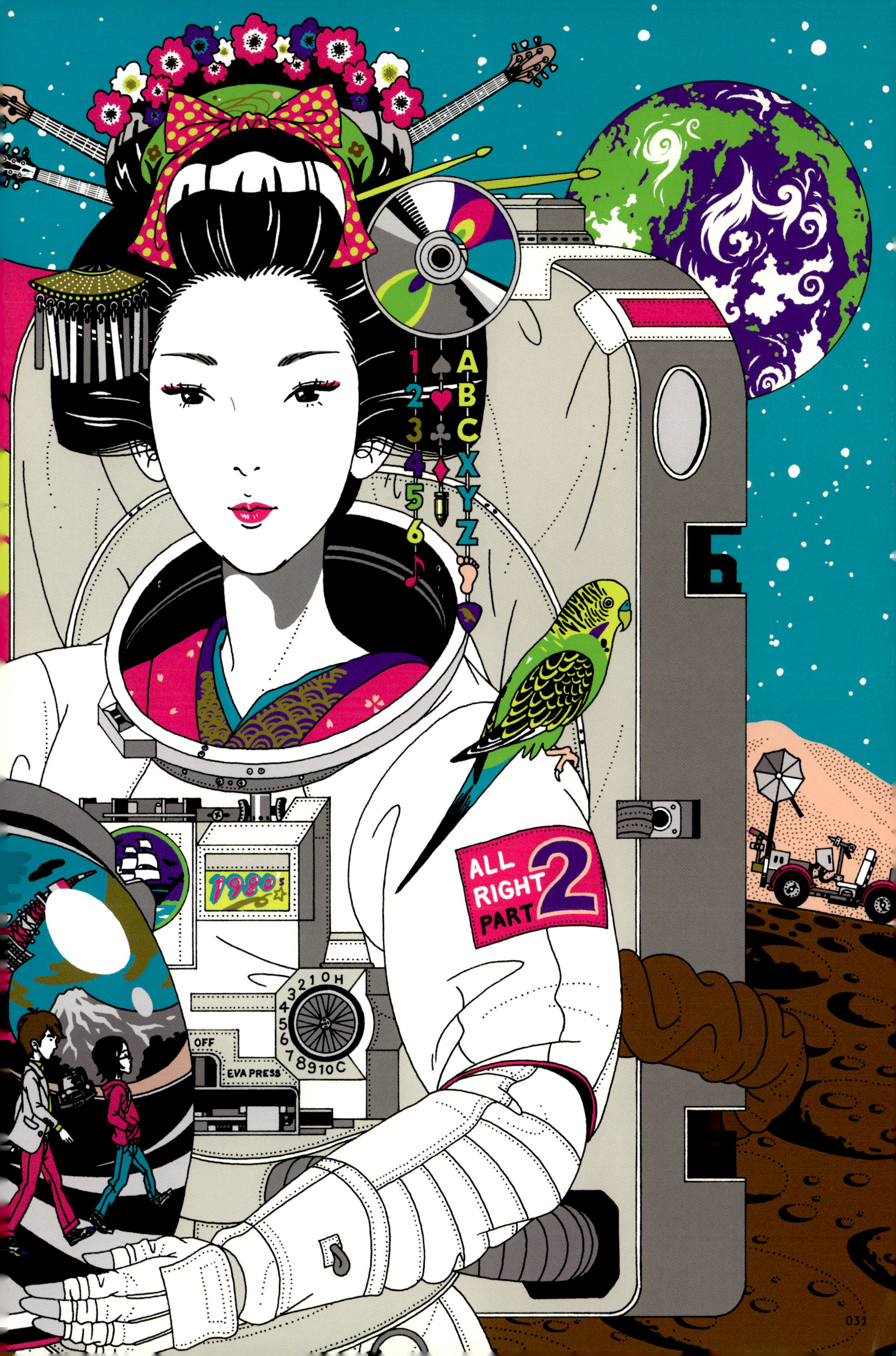

ALL RIGHT PART 2
1980's
EVA PRESS
OFF

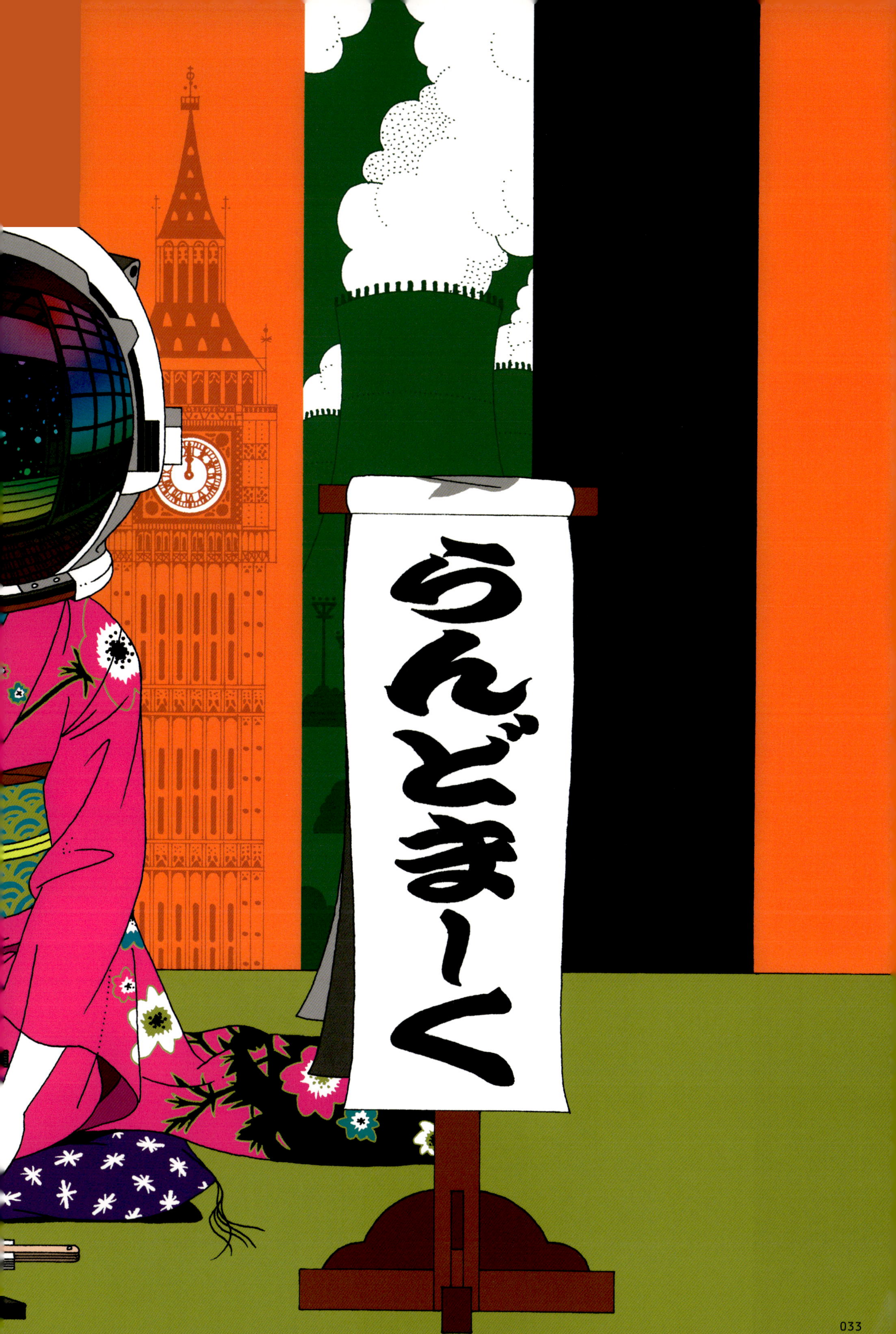
らんどまーく

ASIAN
KUNG-FU
GENERATION

FEE
BA
40

ASIAN KUNG-FU GENERATION 『NANO MUGEN FES.2009』シンボルキャラクター

ASIAN KUNG-FU GENERATION『NANO MUGEN FES.2012』シンボルキャラクター

 ASIAN KUNG-FU GENERATION　DVD『映像作品集5巻 〜live archives 2008〜』ジャケット

ASIAN KUNG-FU GENERATION

 ASIAN KUNG-FU GENERATION　DVD&Blu-ray『映像作品集6巻 ～Tour 2009 ワールド ワールド ワールド～』ジャケット

祝
10周年
ASIAN KUNGFU
GENERATION
Only In Dreams. AKG AKG
YOKOHAMA STADIUM
横浜スタジアム

祝
10周年
ASIAN KUNGFU
GENERATION
Only in Dreams. AKG AKG
YOKOHAMA STADIUM
横浜スタジアム

AAA

410

さだまさし　アルバム『天晴～オールタイム・ベスト～』ジャケット

さだまさし　アルバム『天晴～オールタイム・ベスト～』トレイ

 セイルズ ALBUM『Pink』ジャケット

SAILS

056　セイルズ　single『薫』ジャケット

上:セイルズ 『Demo Tracks vol.2』 下:セイルズ 『Demo Tracks vol.3』

あなたの気分を良くする事を保証します!
ワイキキレコード
☎033・4160・1743

上:つじあやの　ALBUM『COVER GIRL 2』ジャケット　下:歌詞カード

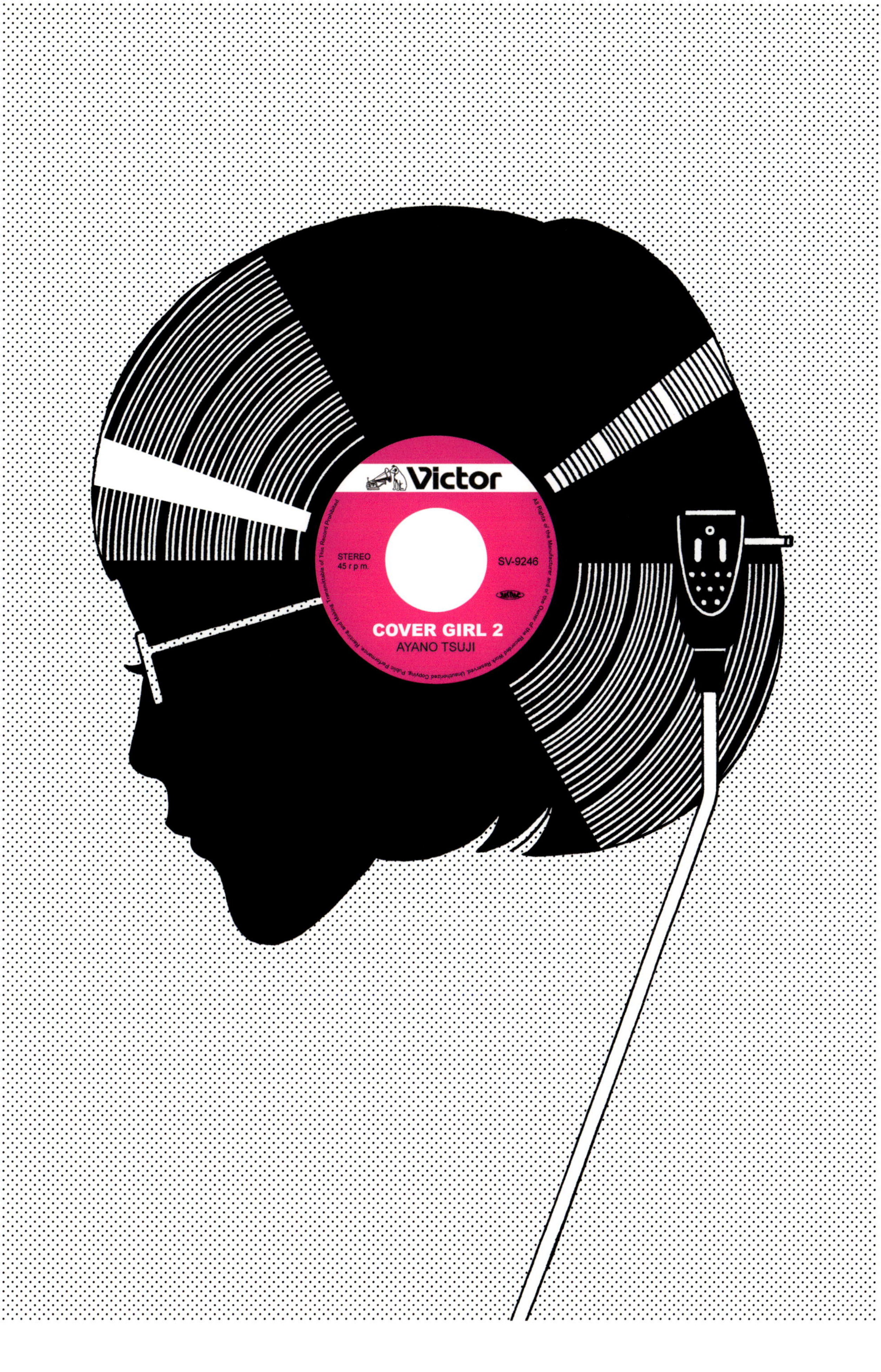
Victor
STEREO
45 r p m.
SV-9246
COVER GIRL 2
AYANO TSUJI
All Rights of the Manufacturer and of the Owner of the Recorded Work Reserved. Unauthorized Copying, Public Performance, Renting and Making Transmittable of This Record Prohibited

 モーモールルギャバン　ALBUM『クロなら結構です』ジャケット

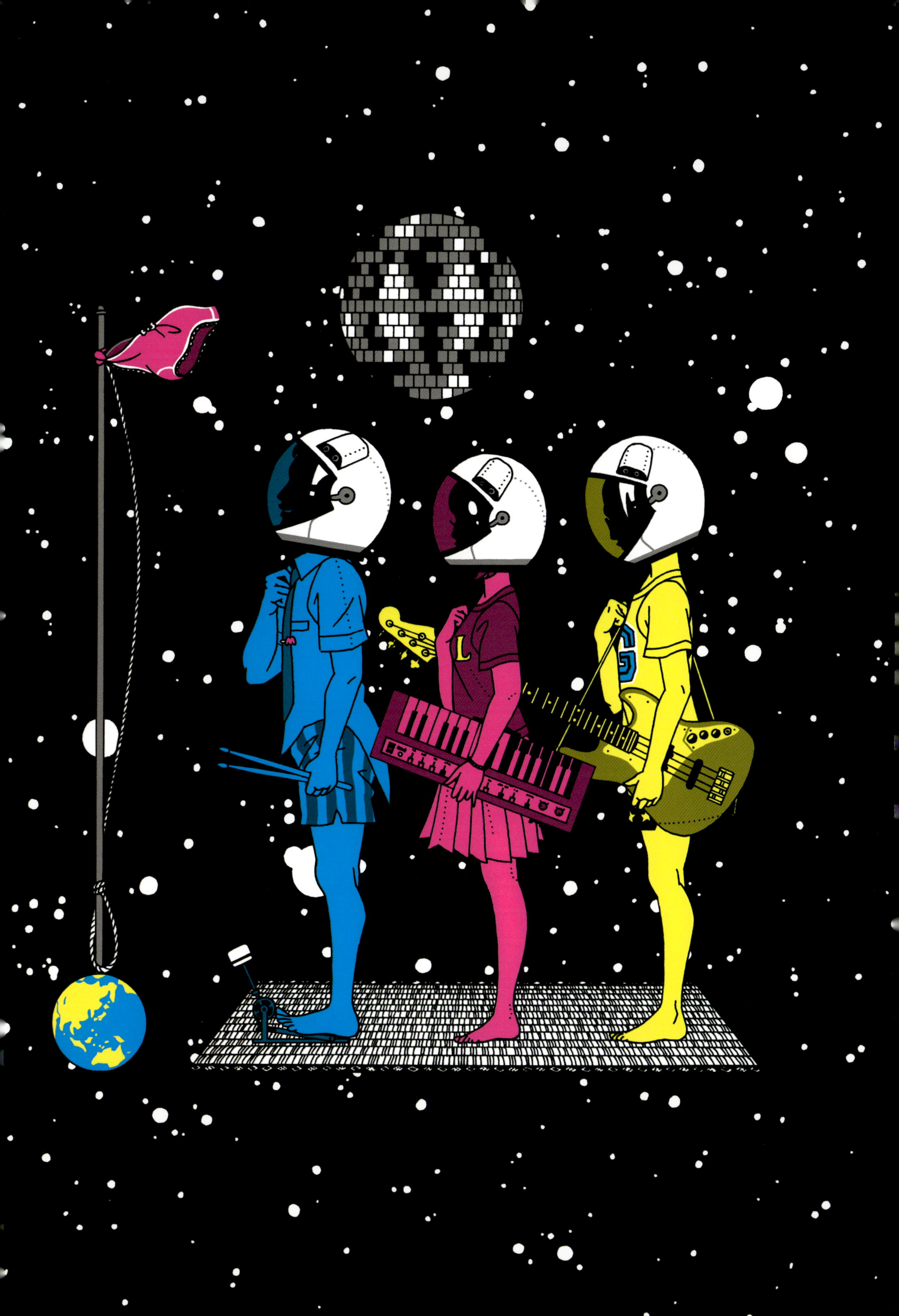

モーモールルギャバン　ALBUM『クロなら結構です』裏ジャケット

BLUE
Schroeder
Headz

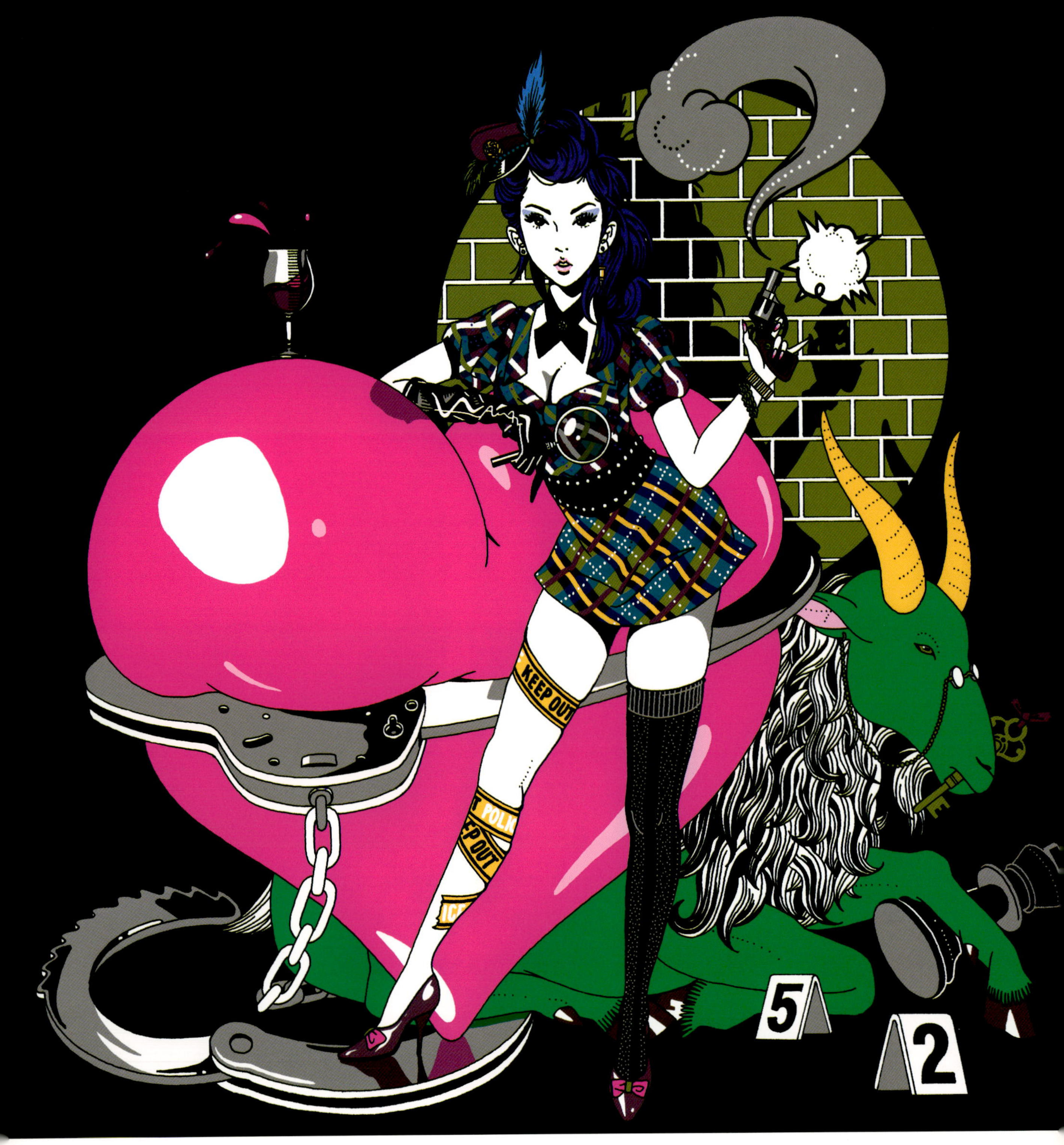

倖田來未　single『Love Me Back』mu-moショップ限定アザージャケット

BOOK

書籍

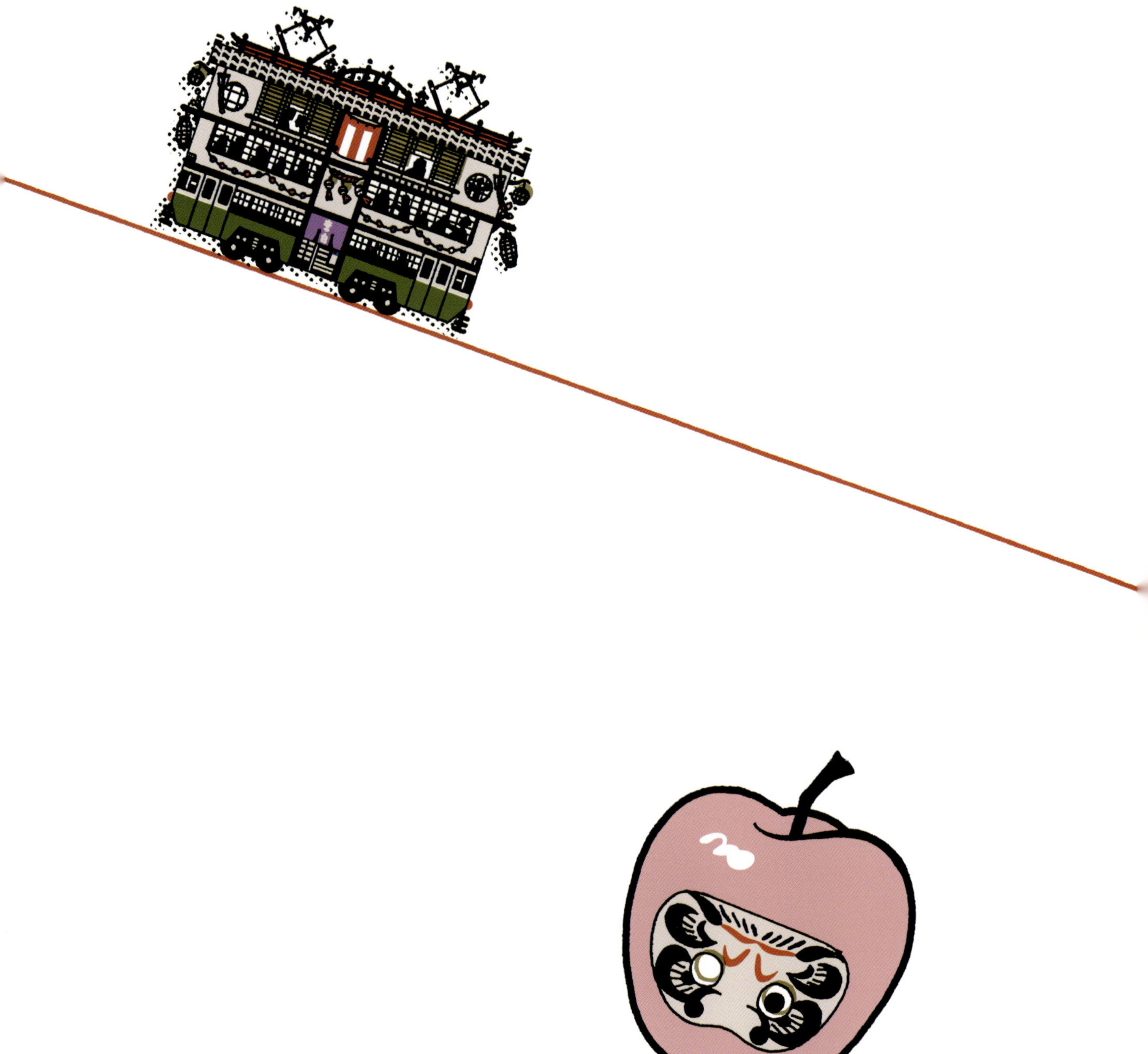

 森見登美彦『夜は短し歩けよ乙女』（文庫版）

KEEP OUT POLICE

SUWANO SOKI
IKKAKU

KYOUTO UNIVERSITY
T N E i R O
CARP

仁木悦子『私の大好きな探偵　仁木兄妹の事件簿』

仁木悦子『猫は知っていた　仁木兄妹の事件簿』

立入禁止
警視庁国立署
POLICE
KEEP OUT
1
3
7

KEEP OUT
POLICE
POLICE
KEEP OUT
KEEP OUT
POLICE
POLICE
KEEP OUT

警視庁国立署
立入禁止
警視庁国立署
立入禁止

 東川篤哉『謎解きはディナーのあとで2』表紙

東川篤哉『謎解きはディナーのあとで2』挿絵

東川篤哉『謎解きはディナーのあとで2』挿絵

東川篤哉『謎解きはディナーのあとで2』挿絵

東川篤哉『謎解きはディナーのあとで2』挿絵

東川篤哉『謎解きはディナーのあとで3』挿絵

東川篤哉『謎解きはディナーのあとで3』挿絵

 東川篤哉『謎解きはディナーのあとで3』挿絵

東川篤哉『謎解きはディナーのあとで3』挿絵

東川篤哉『謎解きはディナーのあとで3』挿絵

東川篤哉『謎解きはディナーのあとで3』表紙

 東川篤哉『謎解きはディナーのあとで3』挿絵

東川篤哉『謎解きはディナーのあとで 風祭警部の事件簿』

ジェナ・ピンコット（著）ボレック光子（翻訳）『あなたがその人を捕まえたいと思ったら』

HAPPY?
LOVE

L'oiseau de l'argent
三宮
5307

CHOCOLA LOUIS
福桜堂

阪急百貨店
Izumiya
NISHINOMIYA

69

世界の地図
国語
4
土井
4
3

AMERICAN
GREAT
WOMAN
TOMOMIRO MACHIYAMA
MAGAZINE HOUSE

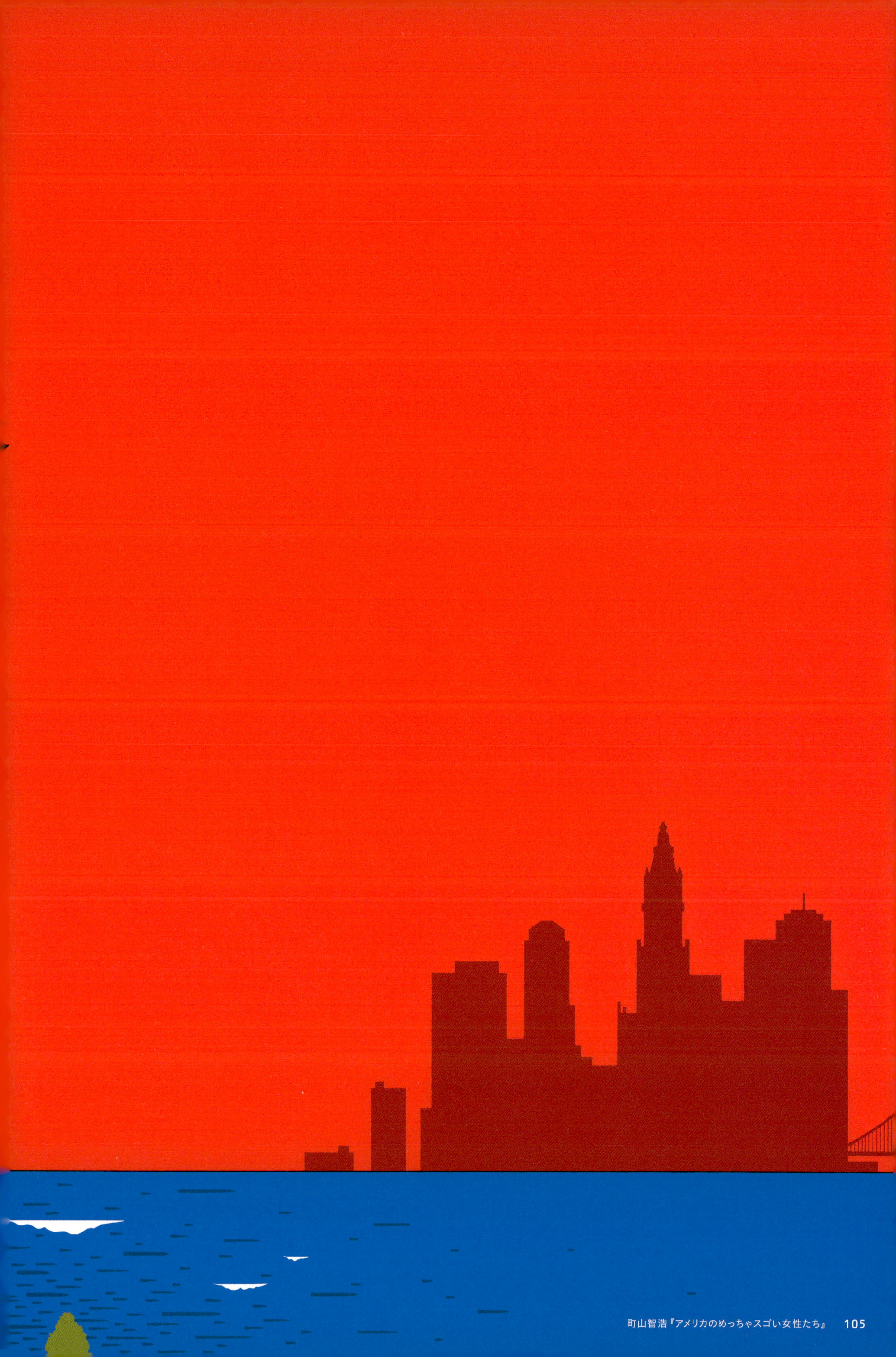

トラの飼い方

熊谷

桃
故郷

ポツポツ
サーザー

QUI!LA!LA!

Flute&Piano
VIVALDI
POLICE

NAZOTOKI HA DINNER NO ATODE
TOKUYA HIGASHIGAWA
ENCYCLOPEDIA BELJANA

7
2011
JULY
4 5
11 12
18 19
25 26 27
LOCATION VACANCES 100
世界の歩き方

本
小学館
QUI! LA! LA!
8 AUGUST

海水浴場
終了しまし
遊泳禁止

月
日
曜
日

SALT

100
UFO

きらら書店
QUILALA
101
BOOKS QUILALA
TRUFFLE
MUSHROOM AND
THE NUTCRACKER
TCHAIKOVSKY
FOR PIANO
WHO are YOU
ミシンとスガラ
大島弓子
佐藤正午
見晴らしが丘にて
ショートプロゲラム2
カナダ

EXIT
EXIT
輝羅
小学館

必勝
きらら大学
2013

QUI! LA! LA
FIRST FLIGHT
The Wright Brothers
日本国旅券
JAPAN
PASSPORT
DiX
DITIONER
1000ml
Blue
SHAMPOO
NATURAL

13 05 12

挨拶と手紙

"THE ART"
Paint on a face like canvas
870 × 580 × 830 mm
¥???-

たかおか
高岡
TAKAOKA
しんたからじま
SHINTAKARAJIMA
ときわそう
TOKIWASOU

きらら

▼123456789101112▲
くだもの
きらら

新刊
きらら文庫
わたし
吉良々 十月
小学館
9784093883696
QUILALA
INK
BLACK
30cc

字
みじゅうじ
Southern Cross
さそり
Scorpius
てんびん

ら

SCHADARAPARR
SKYNUTS
Tamagawa Records
LIFE
weekend
RON RON CLOU
Annie Hall
Woody Allen
TIDELAND
BABE
斜陽
グッドバイ
新ハムレット
晩年
お伽草紙
太宰治
津軽
蝶

2月20日(金)
PLASTIC ERASER
SAMPO
Quiliala

月　日(　)
Qui
6B

CHARACTER

キャラクター

BAR
NAKA
URA
のいたみな
マッ
ハウ

『四畳半神話大系』キャラクターデザイン 明石さん／私／小津

湯浅
DVD-02

『四畳半神話大系』キャラクターデザイン 城ヶ崎先輩／羽貫さん／樋口師匠

No.3
NOITAMINA
INK
BLACK

『四畳半神話大系』キャラクターデザイン 香織さん／相島先輩

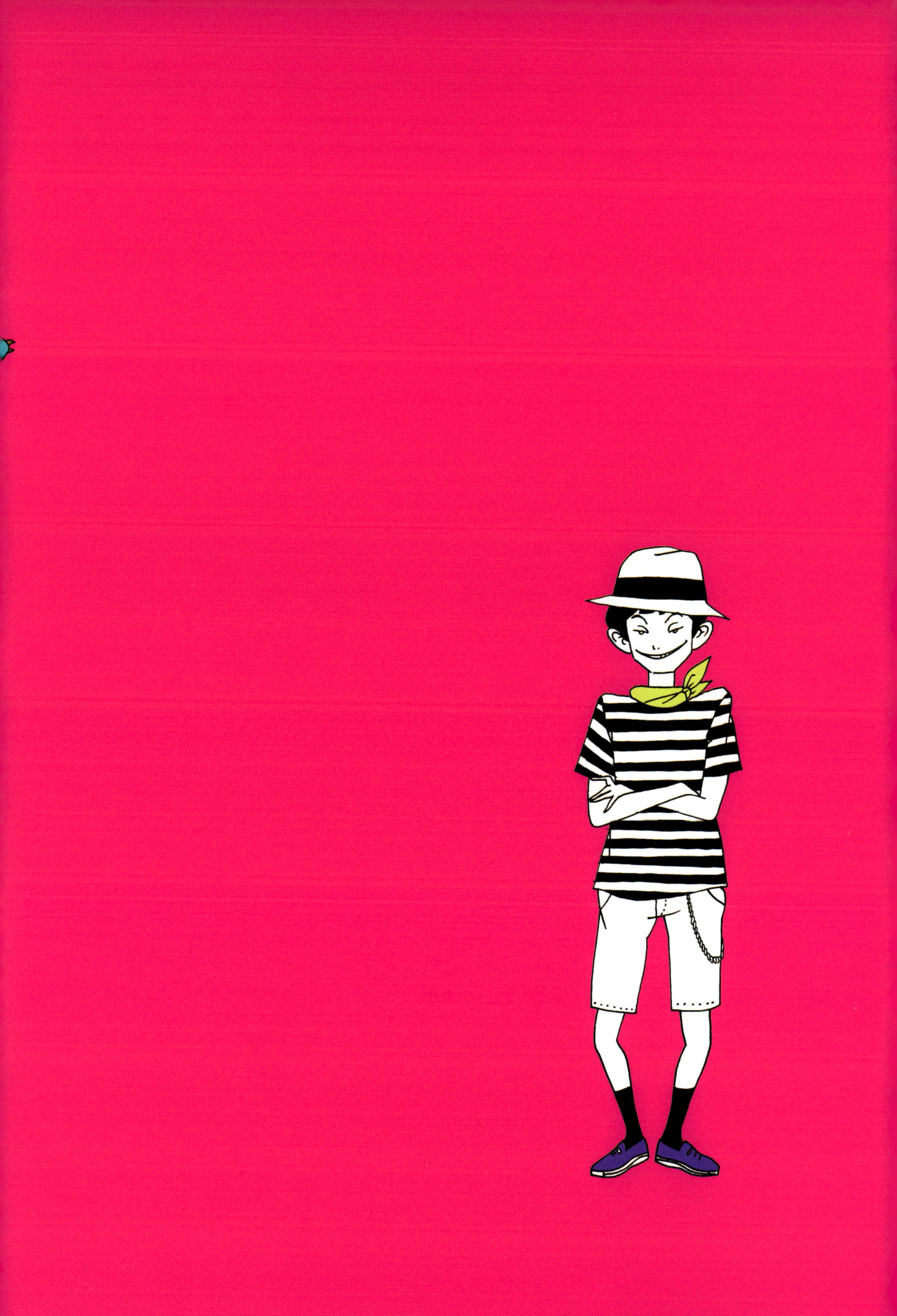

『四畳半神話大系』キャラクターデザイン 小津

森見
BAR
NAKA
MURA
のいたみな
マッド
ハウ

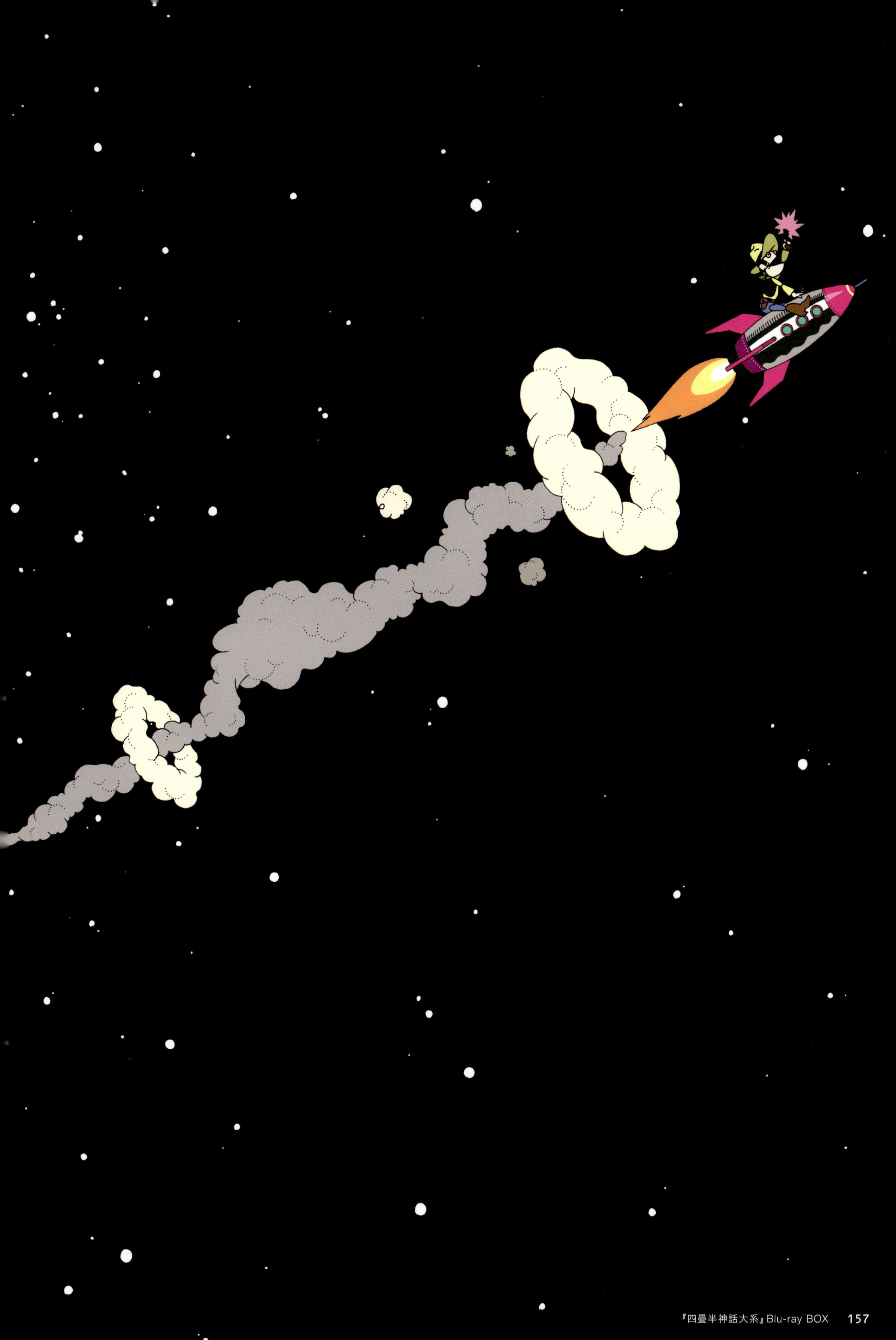

YST-01

 『meiji 果汁グミ』メグミ

『meiji 果汁グミ』タイヨウ

 イラスト情報サイト『ecrii』イメージキャラクター　エクリちゃん

イラスト情報サイト『ecrii』イメージキャラクター　エクリちゃん

御用

劇場短編アニメ『ホフディラン×松竹マルチプレックスシアターズ 『映画の中へ』ver.』用素材

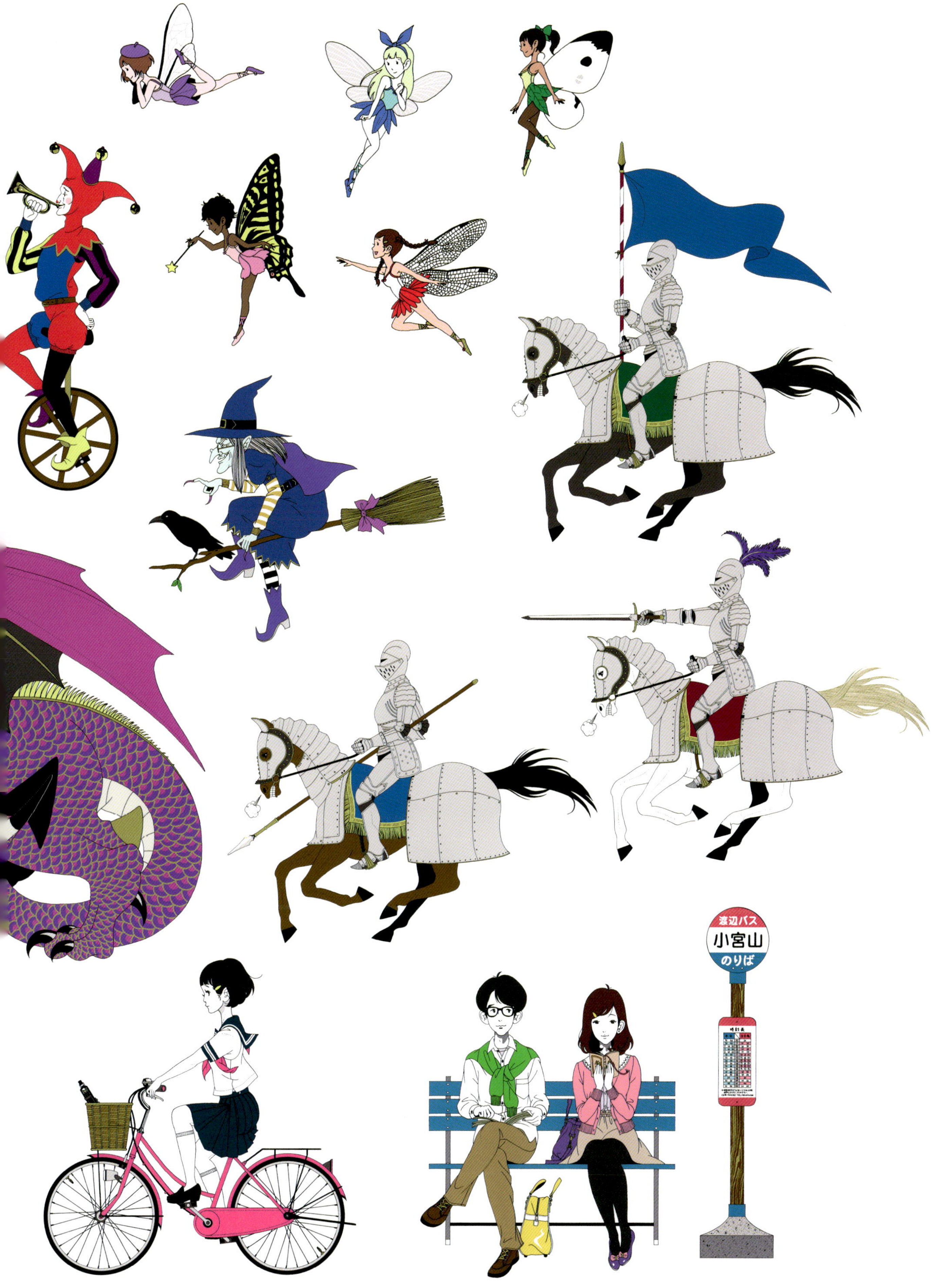

QUILALA
SHOGAKUKAN
INK
BLACK

グリーン
ハウス
描かれたビックリマンシール
イラストは今も昔も変わらず僕にとっ
て1万円札以上の価値がある教科書です。
2014.
8.8
米澤稔さま　兵藤聡司さま　画集の発売ありがとうございます!!

 イラスト誌『季刊エス』連載 “シゴトバ探訪” 色紙　リトルツインスターズ

 石黒正数『それでも町は廻っている』公式同人誌～丸子町商店街2010夏祭特大号～ 裏表紙

PORTRAIT

似顔絵

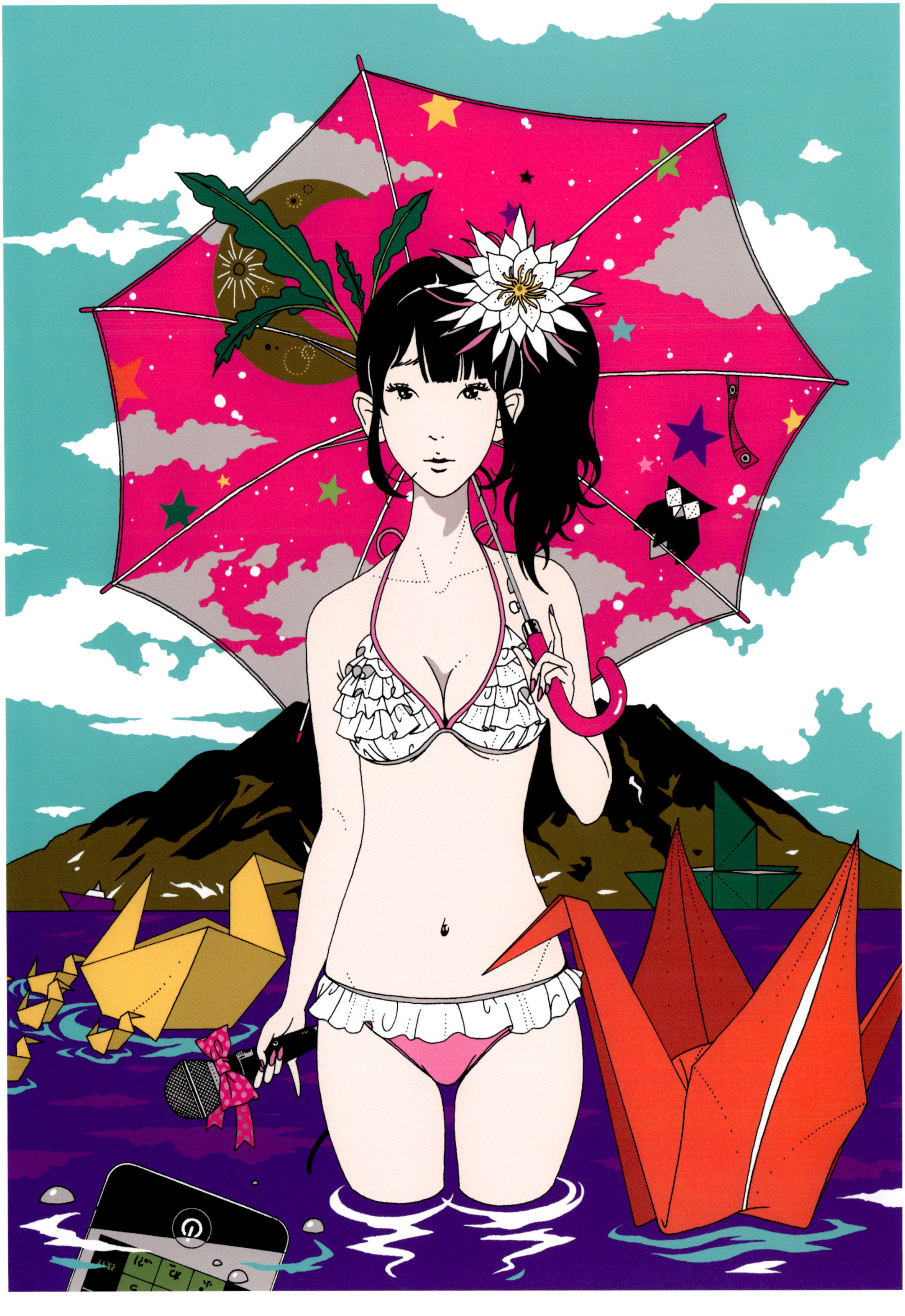

柏木由紀×中村佑介 グラビアアート『ビッグコミックスピリッツ』

MILK
SPIRITS

 イラスト誌『季刊エス』連載 “シゴトバ探訪” 色紙　ASIAN KUNG-FU GENERATION

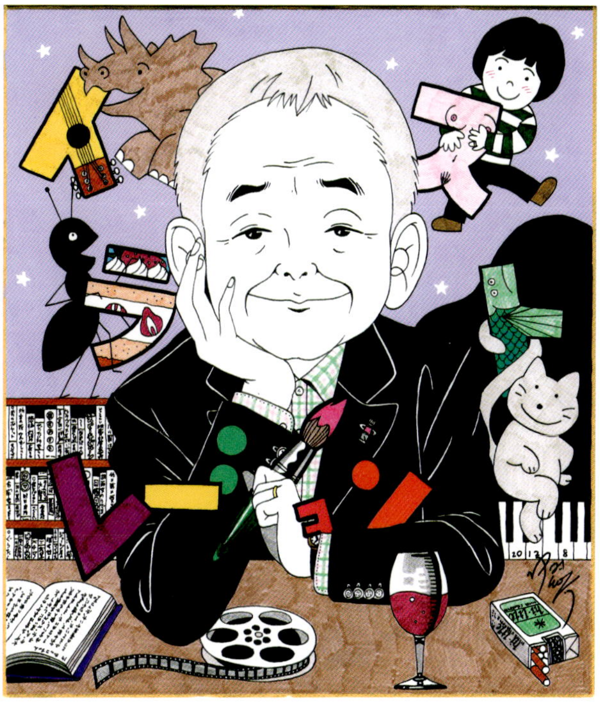

イラスト誌『季刊エス』連載 "シゴトバ探訪" 色紙 会田誠／桂正和／能町みね子／和田誠

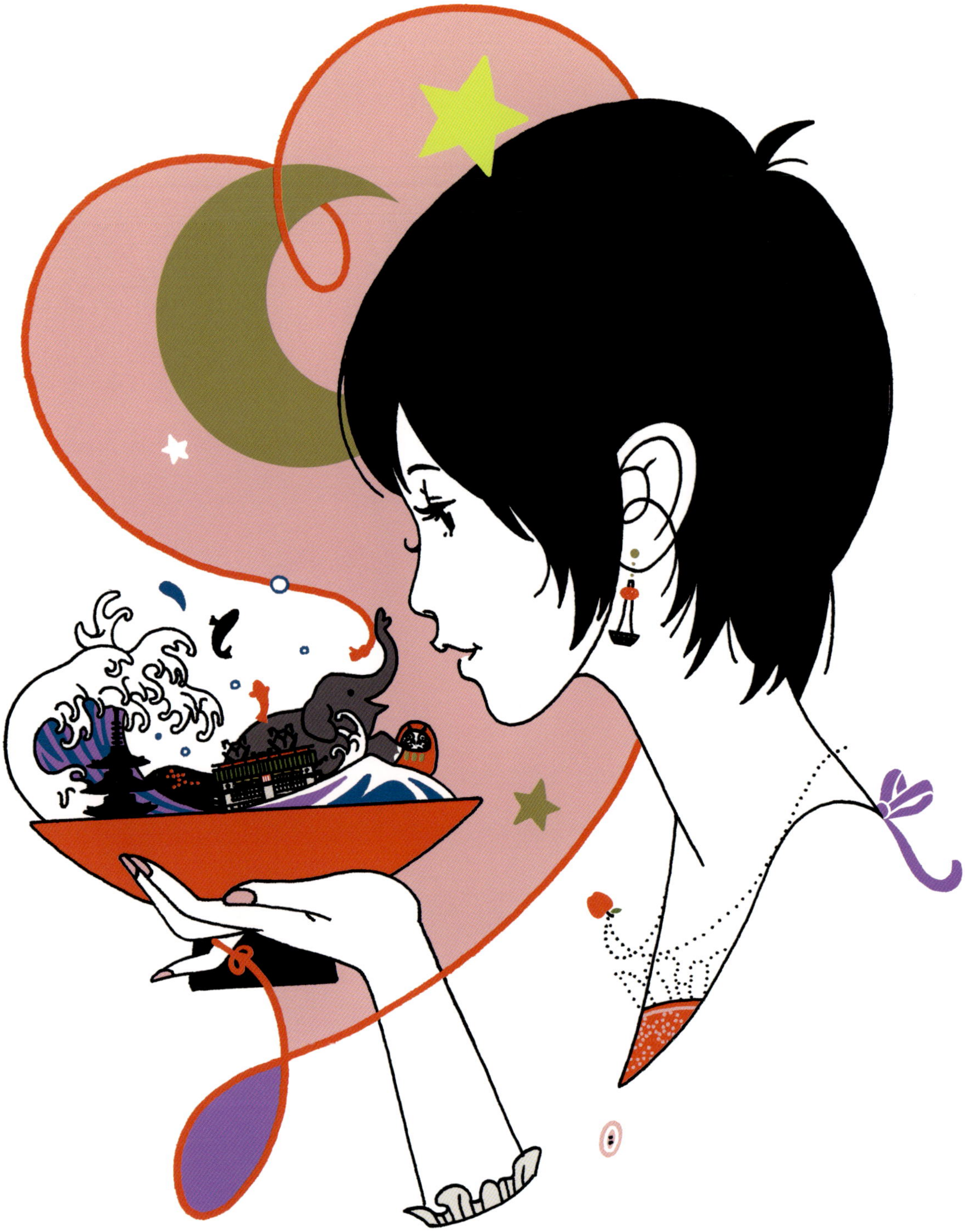

 舞台『夜は短し歩けよ乙女』ポストカード　乙女（田中美保）ver.

舞台『夜は短し歩けよ乙女』ポストカード　先輩（渡部豪太）ver.

LIVEイベント『POPS Parade Festival -the Anniversaries-』特典バッジ，ASIAN KUNG-FU GENERATION　ALBUM『マジックディスク』素材
イラスト誌『季刊エス』連載 “シゴトバ探訪”色紙　木村豊(Central 67)，土井コマキ／FM802『MIDNIGHT GARAGE』10周年イラスト

2010.12.13
森田一義さま

イラスト誌『季刊エス』連載 "シゴトバ探訪" 色紙　ビックリマン（グリーンハウス・米澤稔＆兵藤聡司）

 ウディ・アレン＆ダイアン・キートン（映画『アニー・ホール』より）／朝日新聞コーナー“私のグッとムービー”

森見登美彦／『編集会議』2008年11月号“特集:森見登美彦” 表紙

'89. 12.15～
BLACK
INK

ERASER
Ameba
AMUSE Inc.

5月4日
悠一
萌子
1-4

Carp

アメリカ村

OTHER

その他

Blue

準急
中村

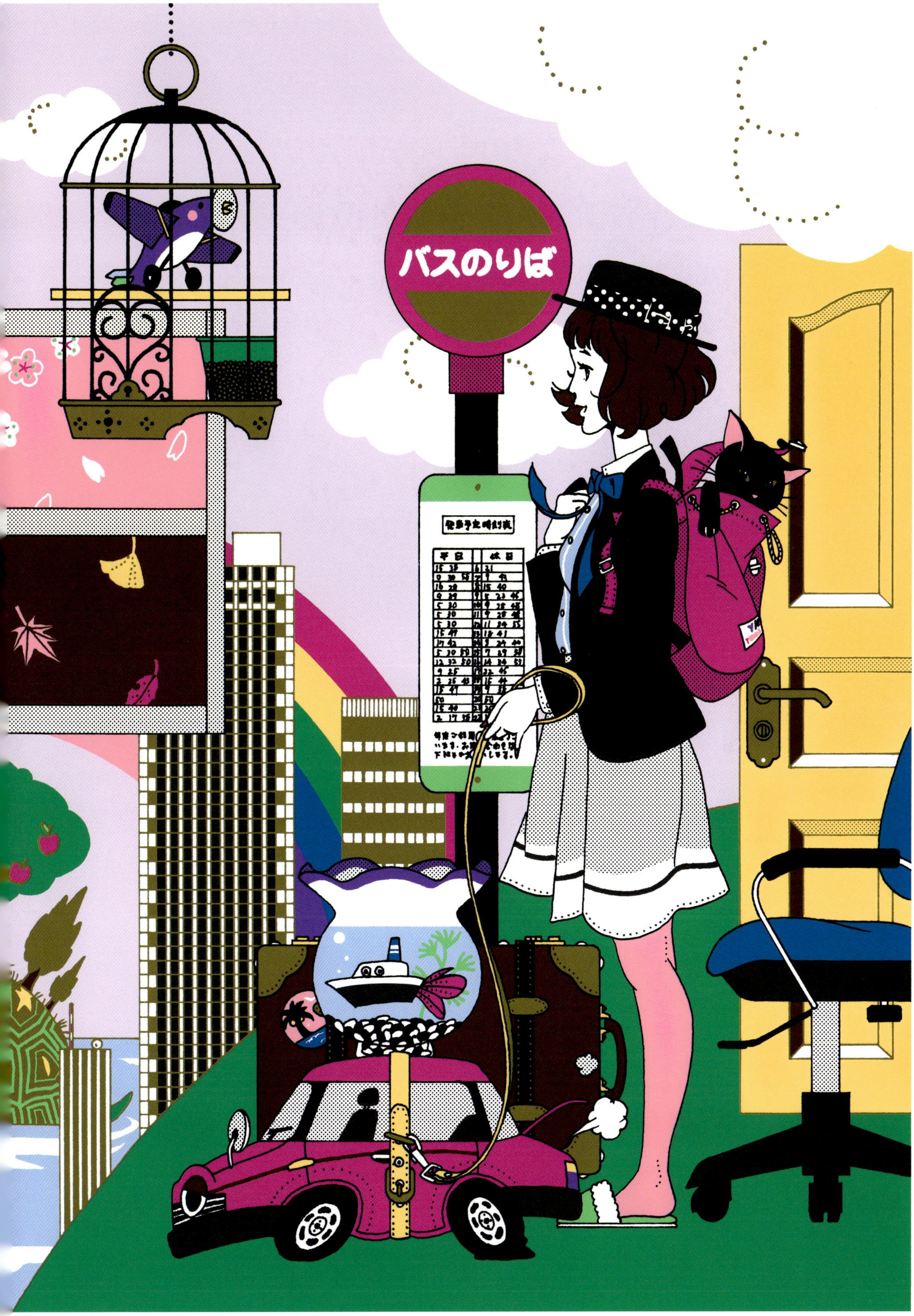
バスのりば

N
W
E

HOW to INTERNET

 映画『海の金魚』劇場用ポスター

『第54回 生命科学夏の学校』ポスター

JAPAN
PASSPORT

神無月4丁目48
Kannazuki 4-48
Eat Carrot
¥120 ¥80 ¥80 ¥120 ¥120 ¥150
ほそ~い
みじか~い
ふつう
ふと~い
売切
売切

大
KYOT
Blue
MADE to STICK

書店
nce 1942

 bpm公演『池田屋チェックイン』DVDジャケット

『ユリイカ』2010年2月臨時増刊号“総特集★中村佑介 イロヅク乙女ノユートピア”表紙

 『中村佑介カレンダー 2012-2013』表紙

『中村佑介カレンダー 2014』表紙

会田 誠（美術家）

中村さんとは雑誌の対談でお会いしました。多くの人がそう思うでしょうけれど、作風と本人のギャップに、最初少々驚きました。あの繊細で浪漫主義的な代表的作風と、饒舌で明るい関西弁のギャップ。それから感覚的作風に反して、考え方がけっこう論理的とも思いました。しばらく話すうちに「ああ、これほど多彩な仕事をたくさんこなしている人なら当然だ」と納得しましたが。僕のために描いてくれた、真ん中刈り上げの「あぜ道」もさすが！と思いました。なんというか、反射神経が良いんでしょうね。

石黒正数（漫画家）

かっちりしてるようで踊ってる。単調なようで破天荒。真面目に見えるが非常識。
感嘆か羨望か嫉妬かわからんけど、佑介の絵を見てるとホンマに心がザワザワするわ！

石田衣良（小説家）

懐かしくて、新しい。
中村佑介のイラストは、いつもぼくたちを、
ちいさなセンチメンタルジャーニーに
連れていってくれる。

江口寿史（漫画家、イラストレーター）

理路整然とした叙情。完璧にデザインされたチャーム。数値化された少女の憂い。
これをやりきってこれほどの心地良いポップ世界を創り出すのは、
至難の技にも程がある、ある種、無謀な行為です。
中村佑介はいつも果敢な挑戦者だと思います。
きのこ頭のにまにました頑固一徹者です。
皆さんいい本を買いましたね。みんなで佑介について行きましょう！

岡田斗司夫（評論家）

中村佑介はイラストレーターではない。
アーティストだ。
この場合のアーティストとは「現代芸術家」という意味。
彼の世界は21世紀の浮世絵、と捉えると一気に捉えやすくなる。

アートの成立条件はいろいろあるけど、中村君の絵は「模倣できそうで、できない」「誰かが今までに描いていそうで、誰も描いていない」という、かなりど真ん中の条件を満たしている。

とりあえず、できるだけ早くパリかニューヨークで個展を開くこと。
そういうジャンルの作家なんだ、と周囲も扱うこと。

柏木由紀（AKB48・NMB48／アイドル）

中村佑介さんの作品は、見ていていろんな想像を膨らませてくれます。人それぞれいろんな楽しみ方の出来る中村さんのイラストはいつも見ていてワクワクします！

上條淳士（漫画家）

「ぼくね〜、安藤忠雄になりたいんですよ。」
「髪型だろ（笑）！」
またはじまったよ。と思った。
うそぶいたり、ハッタリかましたりするのは中村佑介の戦法だけど…まてよ。この人はしかし、そういう言葉のなかにコッソリ本音を忍ばせてもくる。
中村佑介は「イラスト界の〜」と形容されることを嫌う。
イラスト集が普通にコンビニに置かれている状況を祈る。
弁当屋のおばちゃんが、普通にイラストレーターの名前を口にする世界を願う。
そうなのだ。
それが中村佑介が描くイラストレーターの在り方。
そしてそれが出来るはずです。
あなたはスターなのだから。
そんな中村佑介の『NOW』←今ココ。

木村 豊（CENTRAL67／デザイナー）

レイヤーの向こう側に何があるんだろう？と、仕事で中村君のイラストが送られて来る度、沢山のレイヤーをかきわけて直に覗ける（文字通りデスクトップ上で）のが毎回楽しみです。

コザキユースケ（イラストレーター、キャラクターデザイナー、漫画家）

歩いてきた道は全く別のはずだし。血の繋がりが有るはずもなし。「不思議な絵描きさんだなー」「同じ名前かー」「同い年か！」「趣味も一緒か！」と掘れば掘るほど共通点の見つかる不思議な中村さんと僕との関係。絵柄はまったく別なのですが、世代を越える事のできる“普遍性”という、創作の根底に見据えてるものは一緒なのです。絶対何かあるよこれ。画集を穴が空くほど見つめて、ヒントを探したいと思います。

後藤正文（ASIAN KUNG-FU GENERATION／ミュージシャン）

新しい画集の発売おめでとう。
何か気の利いたコメントを出したいのだけれども、なんだろう、上手く言葉がみつからない。
それは、自分のバンドのメンバーへメッセージを送ることに似ていて、どこかに気恥ずかしさを抱えているからだと思う。
でも、この画集に一言添えるとしたら…

僕は初めて君の絵を観たときから、今でも変わりなく君の才能に心酔し続けている。

なんて言うキザな言葉かしら。
これからも楽しみにしています。

小宮山雄飛（ホフディラン／ミュージシャン）

色々な画や音楽、カルチャーに影響されて出来上がっていったであろう中村くんの画。
今度はその中村くんの画に影響された画や音楽、カルチャーが出来上がっていく。
そうやって、つながってつながって、この世の中は熱くなってくんだと思います。

近藤ようこ（漫画家）

ロマンチックで少し寂しそうな絵が気になっていたら、
いつの間にか時代のスタイルになっていました。

さだまさし（シンガーソングライター、小説家）

『中村佑介さんの天晴』

2013年の『天晴〜オールタイム・ベスト〜』というアルバムのジャケット・イラストを快く引き受けてくれた中村さん。その作品が出来上がってきたときの衝撃。
微に入り細に亘り神経の行き届いた心憎いほどの演出と、愛と、サービス精神に腰が抜けました。
「惜しまない」凄みと「楽しんじゃう」凄みが日本中に伝わってアルバムは大ヒット。「全曲持ってるのに買っちゃったよ」僕の友人はみんなそう言います。
つまり中村さんのお陰です。
「力がある」というのはそういうことです。世代を超えて胸に響くのです。
そして時代を超えてゆくのです。
中村さんの力こそ『天晴』です。また一緒に良い仕事がしたいですね。
本当にありがとう！

柴崎友香（小説家）

夢みたいな世界を緻密に作り上げている線にこめられた熱量と執念に、いつも見入ってしまいます。楽しい。

鈴木 央（漫画家）

隣の席にいるんだけど話せない、話したいけどそれができずにチラチラと横顔を見てしまう、でもやっぱり話してみたい、隣の席の可愛い娘《こ》感を出せる中村さんは天才!!

高田明美（キャラクターデザイナー、イラストレーター）

日本の伝統を感じさせながら、それでいて新鮮な中村佑介さんの絵。どうやって描かれたものか、Twitterで惜しみなく語られるその創作の秘密を興味深く拝見しています。多方面への活躍が網羅された一冊、ファンの方のみならずイラストレーターを志す人にも、きっと大切なエッセンスが詰まっていることでしょう。

田中 潤（ゲントウキ／ミュージシャン）

画集、第2弾発売おめでとう！
Japan Expoへの出展を知った時、本当に嬉しかった。
中村佑介の世界は唯一無二で、同時に普遍性がある。
僕は諸行無常という言葉があまり好きじゃないのだけれど、
今、日本は諸行無常であふれかえってる気がするのだ。
やっぱ普遍性のあるものしか心に響かない。
そんな時代だからこそ、中村佑介の存在は貴重なのです。
今や日本の宝。
中村佑介の世界は永遠です。

玉置勉強（漫画家）

二冊目になる画集、おめでとうございます。
Twitter上で、イラストレーター志望の方々に対する
きめ細かでパズルを解くようなレクチャーを拝見し
ますます「頭の良い方だなあ」と思うようになりました。
今後のご活躍をお祈り申し上げます。

堂島孝平（ミュージシャン）

見えてなかったものを見せてくれる人。
僕にとっての中村くんは、そういう大切な人です。

能町みね子（エッセイスト、イラストレーター、漫画家）

中村佑介さんの絵は、パッと見て中村佑介の絵だと分かる。それなのに、見るたびに印象が違うことに気づいた。一枚一枚も、かなり違う。あるときはカッチリまじめに見えるし、あるときはもちろん美しく見える。あるときは中村さんに顔が全員似ていたりする。そしてさっき見たらすごいエロかった。今この瞬間に見てもたぶん違う。うれしい。
あ、私の大好きな和子荘の和室（当時の自宅）に来てくれてありがとうございました。そのときの絵も入っているのかな。うれしい。

林 静一（漫画家、イラストレーター）

『贈る言葉』

元気に活躍のご様子、何よりです。
中村さんは一九七八年に生まれておりますから現在、三十六歳ですね。
あぶらののった年頃であり、雑用も含めて多忙になる時期です。
また、二十代では判らなかった自分の年代が、世界史の中に組み込まれ、歴史として自分を見つめる事が出来る年代でもあります。
人生百年の時代に突入しておりますが、身は人生五十年を生きております。そのズレに悩むことも多くなるでしょう。
五十歳が人生百年時代だと、二十五歳となってしまうのですから、中々納得がいかないのも無理はありませんが、七十歳を過ぎて揚々、あなたの仕事が歴史に組み込まれるのです。
焦らず、気長に仕事を楽しんで下さい。
また、いつか、お会いできる日が来たら、楽しい一時を過ごしましょう。
お元気で……。

兵藤聡司（グリーンハウス／イラストレーター、デザイナー）

コッテコテの濃ぃ〜い要素が、これでもかっ！とテンコ盛り。
けど、ナゼかアッサリ画面に仕上がってるんです。
構成力と色使いがスゴイですよ〜！

東川篤哉（小説家）

『謎解きはディナーのあとで』の第一巻の表紙となったイラスト。それを最初に見たのは、自宅のファクスにラフが届いたときのこと。まだ色も付いていない本当に下書き段階の絵でしたが、そこに描かれた影山や麗子の姿に感激した僕は、凄く嬉しくなってその絵を誰かに全力で見せびらかしてやりたい衝動を感じたものです（実際には、友達も恋人もいない僕は、その絵をひとりの部屋でニヤニヤ眺め続けるばかりでしたが……）。と同時に、僕はその絵を見ることによって、「ああ、影山や麗子ってこういう人たちなんだ！」と、自分の書いた主人公たちに初めて出会えたような新鮮な喜びと驚きを覚えたのでした。なにしろ、僕自身の中にすら影山や麗子についての明確なビジュアル・イメージなどまるで存在していなかったのですから（もちろん風祭警部に至っては言うまでもありません）。曖昧な活字世界の人間たちを形にし、色を与える作業が、どのような才能と努力によって成されるものであるか、絵心のない僕には想像もつきませんが、しかし、あの作品の主人公たちのキャラクターを最終的に決定付けたのは、間違いなく中村佑介さんのイラストの力でした。この場を借りて、お礼申し上げます。ありがとうございました！　そして画集刊行、おめでとうございます!!

平田 薫（女優）

画集発売、おめでとうございます。
私のお尻を至る所で褒めてくださっていたことがきっかけで、ブログのトップバナーを書いていただきました。
中村さんのイラストの中に自分が描かれているなんて贅沢です。各方面で羨ましがられて私はいつも自慢気です。
書いて頂いたイラストには、私が話した些細な事や、私のストーリーがギュッと詰まっていて本当に感動しました。
中村さんの第一印象はクニャーっとホワーッとしている癒し系キャラだと思っていたのに、その後お会いした時は、初めてお会いした時の印象が嘘みたいにリーダーシップと物事への的確さが鋭くてビックリしました。なんだかとっても不思議な方です。
イラストはもちろん、Twitterで伝える事の明確さ、言葉の表現まで洗練されていて、一人間、人生の先輩としてとても尊敬しています。
また、イラスト頂けるように、おしり、磨いておきます（笑）。

山田参助（漫画家、イラストレーター、ミュージシャン）

みんな中村さんの女の子を中心に観てらっしゃるかもしれないが、僕は氏の無機物の描写に惹かれる。
氏が手書きの線でビールのケースを描写した原画に接したことがあるのだけど、女の子以上の熱量を感じて「あ、こういう視点の人なんだ！」と驚いたのだ。

山田稔明（GOMES THE HITMAN／ミュージシャン）

通い慣れた本屋やCDショップ、不意に飛び込んだファッションビル等で、中村くんのイラストがその空間を駆けまわっているのを目にすると「お、やってるな。描きまくってるな」と思う。毎日とんでもない忙しさだろうと想像するのだけど実際に会うときの中村くんのフニャフニャとした人懐っこい感じが同時にオーバーラップしてきて僕はいつも「いいぞ、もっとやれ！中村佑介！」と思うのです。祝！『NOW』リリース。これからまた新しく始まる3つ目の季節の物語を中村くんがどう描いていくか楽しみにしています。

山本直樹（漫画家）

みんなも思ってることでしょうが、スタイリッシュで、エロくて、かっこいいです。ざっくばらんなご本人とのギャップもまたラブリーです。

米澤稔（グリーンハウス／イラストレーター、デザイナー）

中村くんのイラストを最初に見た時は、ビックリマンチョコのキャラクターが彼に影響を与えていたなんて全く思わなかったですね。むしろ林静一さんなどの少しノスタルジックな昭和のテイストを今の時代に上手くアレンジしたのかな？と感じていました。
彼とは雑誌のインタビューで知り合い、そのビックリマン愛に正直驚かされましたが、オタクなシールマニアでもないし…。やっぱり絵（キャラ）として楽しんでいたのかな？
シール1枚から小学生の頃に「人生経験」までを学んだとか、色んなエピソードを聞かせてもらい、様々な部分で彼の中にビックリマンシールと言うものが暗く根深く息づいているんだと（笑）。
良く見ると彼のイラストとビックリマンの共通点は、絵の隅々に「ネタ」が隠されている部分かな？　これを探して何かを感じて楽しんでみて！…みたいな遊び心の部分かな？　この画集のイラストの中にも彼の遊び心をたくさん見つけられます。
この先、イラストレーターだけでなくエンターテイナーとして幅広く活躍して行く気がしています。これからも良き「変な親子関係」（笑）で刺激し合えれば最高です。

わたせせいぞう（漫画家、イラストレーター）

ビックリ箱・万華鏡のような中村佑介君の絵は3次元であり、佑介君の脳は4次元であり、他の追従を許さぬ、次元の違う世界に存在している。

あとがき

この度は本書制作にあたり、支えてくれた家族や友人たち、形にして下さった飛鳥新社、季刊エス編集部、room-compositeの皆さま、ご協力頂いた諸先輩方と関係各社の皆さま、そして届けて下さる書店員の皆さまと、受け取って下さった読者の皆さまに心より感謝申し上げます。本当にありがとうございます。

さて、2009年に刊行した1作目の画集『Blue』からちょうど5年。皆さまいかがお過ごしでしたでしょうか。そう聞かれても困りますよね。5年なんて一言でくくっても、ある子は中学生だったのに、もうすっかり社会人だったり、ある人はご結婚され、産まれたお子さんもすっかり喋り出しているようなそんな長い年月です。それ以外にも数え切れない程のたくさんのご経験をされたことだろうと思います。僕もこの5年間で、結婚やはじめての海外、アニメーションや教科書の表紙など、生活面でも仕事面でも様々な経験をし、やはりここには書き切れませんので、こうして画集にまとめ、『Blue』の表紙の女の子のちょうど5年後の姿を、本書の表紙に描いた次第です。

2冊を並べてみるとたくさんの変化が見つけられると思います。この画集を閉じた後、皆さまの目の前の世界も、いつもより少し色鮮やかになっていますように。青い過去よりも、そしてこの中のどんな絵よりも、ずっと美しい今でありますように。そんな願いを込めて本書に『NOW』という名前をつけました。もう少女と呼ぶのは失礼にあたるような彼女は一体どこへと走り出すのでしょうか。無数に別れた今の先で、いつかまたこうして皆さまと交差できることを、僕は楽しみにしております。

2014年 冬 中村佑介

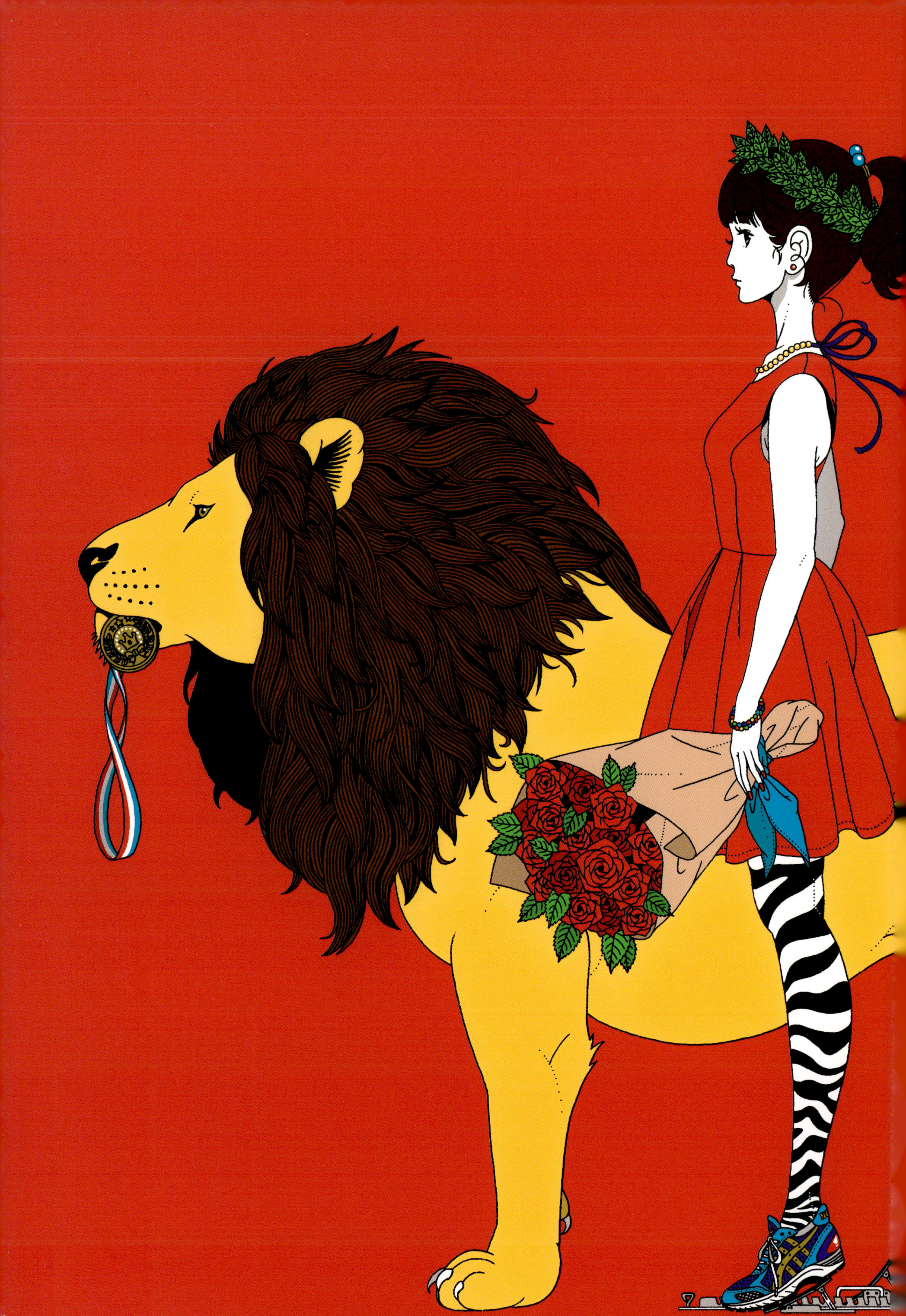

中村佑介 画集『NOW』表紙

中村佑介（なかむら ゆうすけ）

1978年生まれ。兵庫県宝塚市出身。大阪芸術大学デザイン学科卒業。ASIAN KUNG-FU GENERATION、さだまさしのCDジャケットをはじめ、『謎解きはディナーのあとで』、『夜は短し歩けよ乙女』、音楽の教科書など数多くの書籍カバーを手掛けるイラストレーター。ほかにもアニメ『四畳半神話大系』や『果汁グミ』TVCMのキャラクターデザイン、セイルズとしてのバンド活動、テレビやラジオ出演、エッセイ執筆など表現は多岐にわたる。初作品集『Blue』は、画集では異例の9.5万部を記録中。
http://www.yusukenakamura.net/

NOW（ナウ）

2014年12月22日　第1刷発行
2015年1月15日　第2刷発行

著者
中村佑介

アートディレクション・装丁
前川景介（room-composite）

本文デザイン
髙橋宏明（room-composite）

解説本デザイン
飛鳥新社季刊エス編集部

発行人
土井尚道

発行所
株式会社飛鳥新社
〒101-0003　東京都千代田区一ツ橋2-4-3 光文恒産ビル
電話（営業部）03-3263-7770　（編集部）03-3263-5726

印刷
株式会社廣済堂

製本
大口製本印刷株式会社

printed in Japan.
ISBN 978-4-86410-384-8